Dirección editorial: Raquel López Varela
Autoras: Mariana Magalhães y Cristina Quental
Ilustración: Sandra Serra
Coordinación editorial: Jesús Muñoz Calvo y Ana Mª García Alonso
Maquetación: Javier Robles, Patricia Martínez y Eduardo García
Título original: *Ciclo do ovo*

Carretera León-La Coruña, km 5 - LEÓN.
ISBN: 978-84-441-4942-4
Depósito legal: LE-891-2013
Printed in Spain - Impreso en España

EDITORIAL EVERGRÁFICAS, S. L.
Carretera León-La Coruña, km 5
LEÓN (España)
Atención al cliente: 902 123 400

ciclo del huevo

Cristina Quental es una joven escritora portuguesa que nació el 19 de noviembre de 1983 en Ponta Delgada. Es maestra de educación infantil y ha alternado el trabajo en la escuela infantil con actividades relacionadas con la dinamización del tiempo libre.

Mariana Magalhães nació el 2 de noviembre de 1971 en Lisboa (Portugal). Además de escritora, también es maestra de educación infantil y ha alternado el trabajo en la escuela infantil con actividades vinculadas con la acción social. Ha participado en numerosos seminarios y cursos de capacitación sobre temas relacionados con niños en situaciones de riesgo. También ha organizado y coordinado un centro de acogida para menores sin familia o separados de esta.

Sandra Serra nació en Luanda (Angola) el año 1968. Es diseñadora gráfica e ilustradora desde el año 1994. Ha sido mencionada, en varias ocasiones, como una de las referencias de la ilustración infantil y juvenil en Portugal. Desde el año 2007, también se dedica a escribir obras infantiles y ya tiene varios libros editados. Tiene su propio sitio web: www.espiralinversa.pt

Cristina Quental
Mariana Magalhães

Ilustraciones Sandra Serra

everest

Esa mañana, la maestra Teresa oyó un murmullo y, al mirar hacia un rincón del aula, vio que Mario y Jorge discutían, animadamente, sobre qué fue primero: el huevo o la gallina.

—Fue la gallina, porque es la que pone los huevos —dijo Mario.

—De eso, nada. Esa gallina, ¿de dónde sale? Del huevo, ¿no? Por tanto, ¡lo primero fue el huevo! —rebatió Jorge.

La maestra Teresa escuchó, divertida, la discusión. Luego reunió a los chicos y les propuso una visita de estudio:

—¿Qué os parece si mañana vamos al gallinero de mi amiga Sonia? Quizás allí podamos descubrir el misterio de los huevos y las gallinas.

—¡SÍ! –respondieron todos a coro.

Al día siguiente, fueron a pie hasta la casa de Sonia, quien los esperaba en la puerta, muy risueña.

—Buenos días, amiguitos. Hola, Teresa. Venid a ver el gallinero tan fantástico que tengo.

Al fondo del patio, había un enrejado con una puerta en el centro y ahí estaba el gallinero. Varias gallinas y un gallo de colorido plumaje escarbaban la tierra.

Cuando los niños entraron en el gallinero, las aves se asustaron y se apartaron cacareando.

—Tengo veinticuatro gallinas y un gallo —les informó Sonia.

—¿Y qué es lo que comen? —quiso saber María.

—Fíjate bien en lo que aquella gallina blanca sujeta con el pico —respondió Sonia.

—¡Oh! ¿Comen lombrices? —preguntó Leonor.

—Si las encuentran, se las comen; pero lo que de verdad les gusta es el maíz y el pienso que les doy una vez al día. ¿Queréis dárselo vosotros?

—¡Sí! —contestaron todos alegremente.

Después de repartir el maíz y el pienso entre las gallinas, quisieron saber dónde estaban los huevos.

—¿Dónde están los huevos? —inquirió Rodrigo.

—¡Por ahí! Tenemos que buscarlos. Normalmente, al anochecer, las gallinas se recogen en esta caseta; así que busco los huevos cuando vengo a darles de comer.

—¿Podemos buscarlos nosotros?
—pidió Víctor.

—Claro que sí.

—¡Aquí hay uno! —exclamó Inés.

—¡Yo he encontrado otro!
—anunció Francisco.

La maestra Teresa, situada tras ellos, llevaba un cesto en la mano para colocar los huevos que iban encontrando.

—Aquella gallina marrón parece que está enferma. ¡No se mueve! —se alarmó Sofía.

Sonia se rio:

—¡Ja, ja, ja! Esa gallina no está enferma. ¡Está empollando sus huevos! ¿Sabéis para qué?

—¡Para que nazcan los pollitos! —contestaron al unísono.

—Muy bien, niños. Ahora vamos a dar las gracias y a decir adiós a mi amiga Sonia.

Los niños dieron las gracias y se despidieron. Sonia les ofreció la media docena de huevos que habían encontrado.

—Ya es hora de irnos —les informó la maestra—. Nos queda otra visita por hacer. Vamos a ir a una granja avícola.

—¿Una granja avícola? Y eso, ¿qué es? —inquirió Clara.

—Ahora os lo explico en el autobús.

Mientras iban en el autobús hacia la granja, la maestra Teresa empezó a formular preguntas:

—¿Dónde compran los huevos vuestros padres?

—¿Y vosotros creéis que esos huevos vienen de un gallinero como el que acabamos de visitar?

—Imposible —contestó Guillermo—. Esas gallinas no ponen suficientes huevos para llenar los estantes del supermercado.

—Muy bien. Tienes razón —lo felicitó la maestra Teresa—. En una granja avícola no hay veinticuatro gallinas; hay miles, que ponen una cantidad enorme de huevos para abastecer a los supermercados.

Cuando llegaron, fueron recibidos por Bárbara y por el veterinario José, responsables del buen funcionamiento de la granja. Los dos eran muy simpáticos y les dieron muchas explicaciones.

—¡Hola, niños!

—En esta granja avícola, hay tres pabellones de gallinas ponedoras. Como todos son iguales, solo veremos uno, que tiene doce mil gallinas —les informó Bárbara.

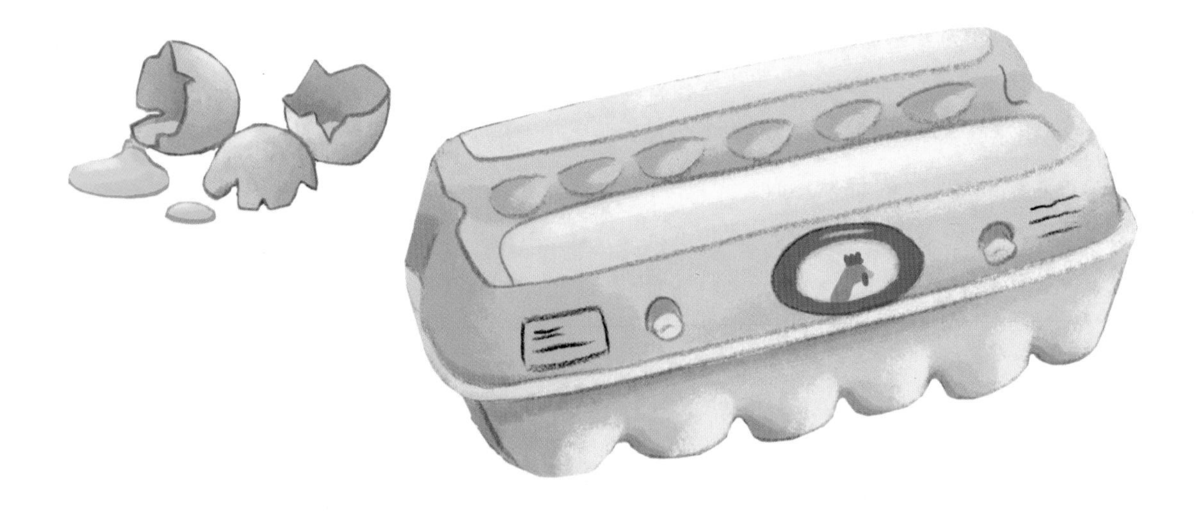

—¡Cuántas! Tiene que ser enorme.

—¿Qué quiere decir *ponedora*?
—quiso saber Linda.

—*Ponedora* quiere decir que pone huevos.

—¡Ah!

En el interior del pabellón, se quedaron admirados al ver los largos pasillos llenos de jaulas que llegaban hasta el techo. El cacareo de tanta gallina era tan fuerte que no solo ensordecía, sino que ¡asustaba!

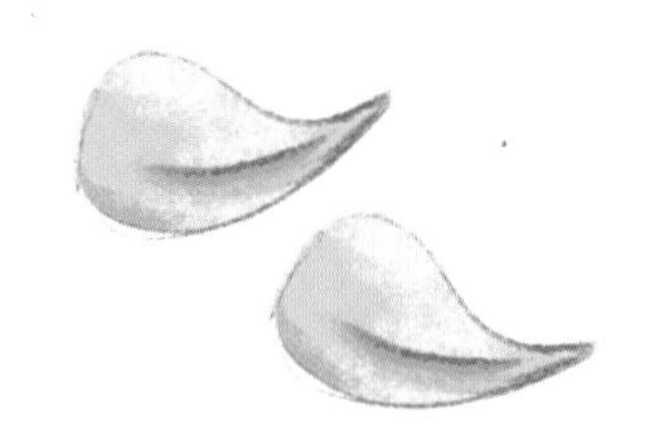

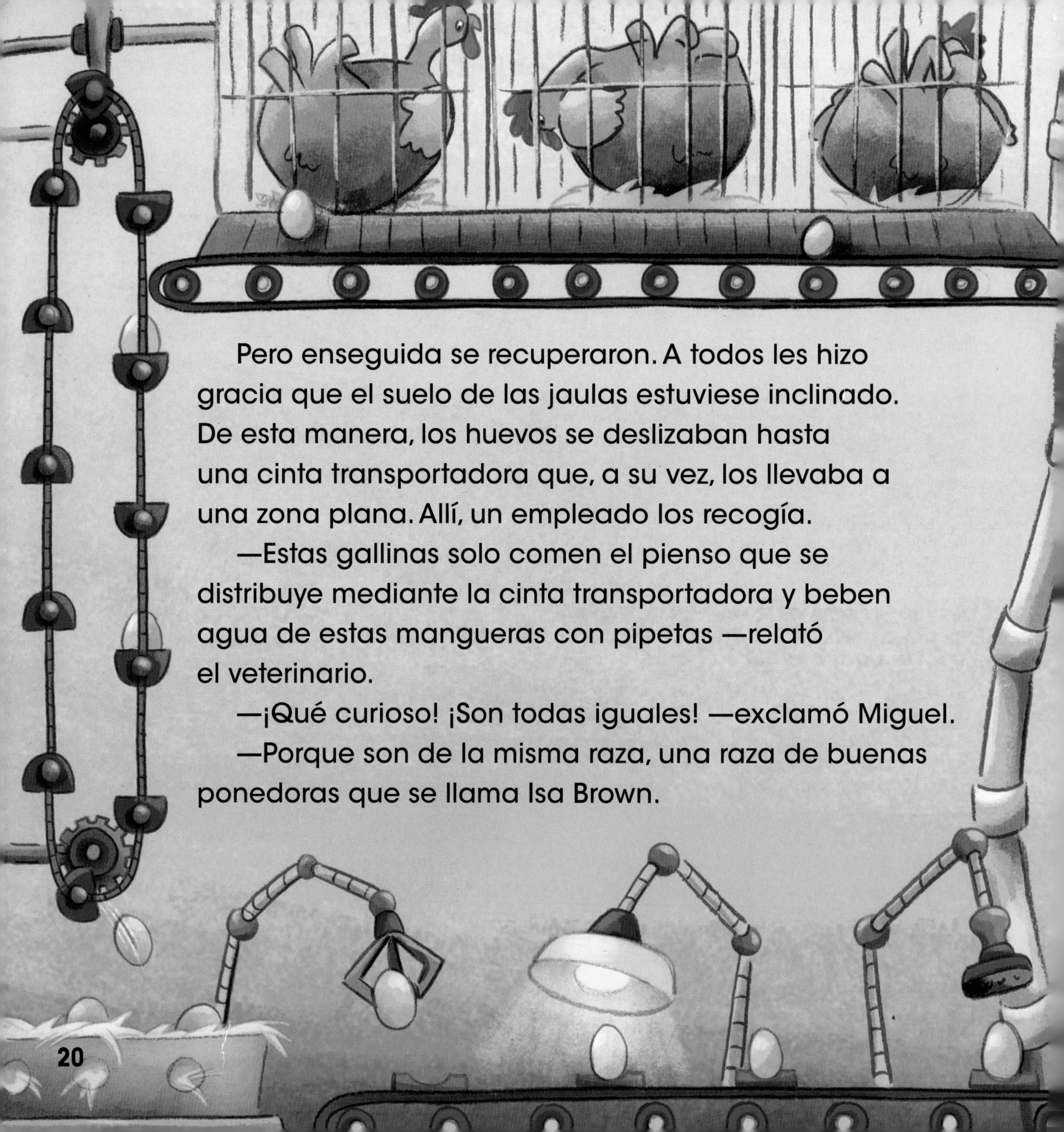

Pero enseguida se recuperaron. A todos les hizo gracia que el suelo de las jaulas estuviese inclinado. De esta manera, los huevos se deslizaban hasta una cinta transportadora que, a su vez, los llevaba a una zona plana. Allí, un empleado los recogía.

—Estas gallinas solo comen el pienso que se distribuye mediante la cinta transportadora y beben agua de estas mangueras con pipetas —relató el veterinario.

—¡Qué curioso! ¡Son todas iguales! —exclamó Miguel.

—Porque son de la misma raza, una raza de buenas ponedoras que se llama Isa Brown.

—¿Cuántos huevos ponen al día? —inquirió Santiago.

—Ponen uno cada veinticinco horas. Uno diario, más o menos.

»Ahora acompañadme a la zona de selección y clasificación.

Bárbara los condujo a una sala donde los huevos caían en cajas. A continuación, avanzaban por una cinta transportadora y pasaban por varias máquinas con diferentes funciones. Una los sacaba de las cajas y los ponía, en la misma posición, en otra cinta. Otra tenía una luz especial que permitía verificar si los huevos estaban en buenas condiciones. La tercera estampaba el número del productor en la cáscara. La cuarta los separaba según el peso y los agrupaba por tamaños: pequeños, medianos, grandes y gigantes.

—¿Esos tamaños figuran en la caja? ¡No me había fijado! —se asombró Martín.

—Y también aparece el nombre de la granja avícola y la fecha de caducidad (lo más importante).

»Aquí somos muy cuidadosos: vigilamos constantemente la salud de las gallinas y el estado de los huevos para estar seguros de vender productos de calidad.

—Y, señor veterinario, ¿podría decirnos qué fue primero? ¿El huevo o la gallina? —consultó Mario.

—Las cosas no se pueden explicar de esa manera tan simple. Al principio, todos los animales eran acuáticos. Después fueron evolucionando a lo largo del tiempo. Primero aparecieron los reptiles, que ya ponían huevos. Después, algunos de ellos se convirtieron en aves. Fijaos en que las patas de las gallinas tienen escamas, como la piel de los reptiles. Todo esto es el resultado de la evolución de los animales.

—¡Lo que estamos aprendiendo en esta visita!

—¡Espero que os haya gustado! Llevaos una docena de huevos para cocinar con la maestra —les ofreció Bárbara.

—¡Adiós y gracias!

De vuelta al colegio, la maestra Teresa les explicó que también se comen los huevos de pato, de codorniz y de avestruz.

—¿Cómo os gustan más a vosotros?

—Y, ahora, para poner el broche final a este día, vamos a probar algo nuevo: yemas batidas con azúcar —propuso la maestra Teresa.

A los alumnos les encantaron.

¡Huevos para todos los gustos!

Alfredo casca huevos con denuedo.
Beatriz los huele con la nariz.
Carlitos los devora despacito.
Miguel los escalfa a granel.
Catalina se los lleva a la piscina.
Sinforoso dice que son deliciosos.
Gonzalo los esconde. ¡Qué malo!
Marina los prepara en la cocina.
Arturo se los come sin apuro.
Linda los guisa y me los brinda.
Rosa los cocina salerosa.

Flor los prepara al vapor.
Raquel los prefiere en pastel.
Pepita, en tortillita.
Luisa los come sin prisa.
Rodrigo, como le digo.
A Victoria le saben a gloria.
Sofía hace yemas todo el día.
A Javier le gustan sin hacer.
Mario los consume a diario.
Martín los toma sin fin.
Ramiro los come cocidos.
Ramón, con pan y jamón.
Tomasa, con muchas pasas.
Felisa, con una sonrisa.
Elena, para la cena.

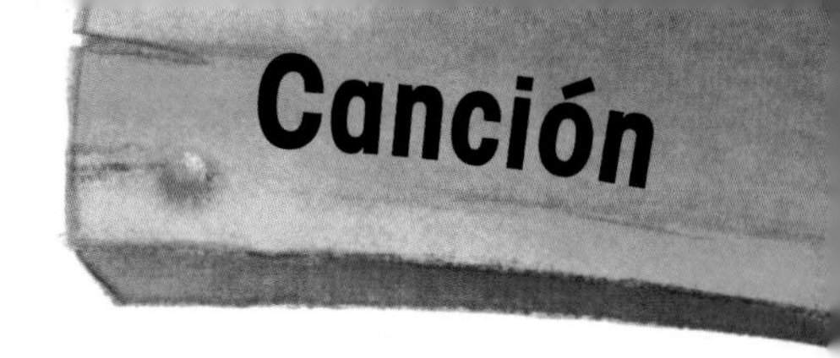

La gallina ponedora

(Música de *El jardín de la alegría*)

Érase una gallinita
viviendo en su gallinero,
luciendo sus bellas plumas
en su pone-ponedero.

Bate las alas, quiquiriquí,
al cantar la gallinita.
Bate las alas, quiquiriquí,
al cantar en su casita.

Todo el día pone huevos
la gallina ponedora;
tantos huevos pone y pone
que todo el mundo la adora.

Bate las alas, quiquiriquí,
al cantar la gallinita.
Bate las alas, quiquiriquí,
al cantar en su casita.

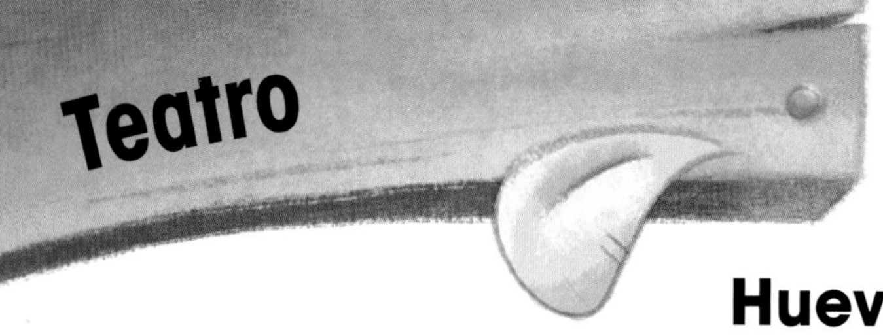

Huevos de Pascua

Personajes:
Un pavo, un gallo, varias gallinas y un conejo.

Escena I

(Salen a escena el pavo y el gallo, que conversan en un gallinero).

Pavo *(engolado y burlón).:*
—Oh, amigo Gallo, ya está al caer la Pascua, ¿no es así? Tú y las gallinas os creéis muy importantes, pero, al final, quien reparte los huevos y organiza la fiesta ¡es don Conejo!

Gallo *(avergonzado).:*
—Es verdad... pero este año tiene que ser diferente. Me voy a encargar yo.

Pavo: ¡Ja, ja, ja! ¡Eso no me lo pierdo! ¡Con lo que cuesta cambiar una tradición!

(Pavo sale del escenario).

Escena II

(El gallo canta y las gallinas se acercan).

Gallo: —Quiquiriquí... gallinas... quiquiriquí... gallinas... venid aquí.

Gallina 1: —Pero ¿qué pasa? ¡No es costumbre cantar a estas horas!

Gallo: —Pues no, pero tenemos que resolver un problema.

Gallina 2: —¿Qué problema?

Gallo: —El problema de los huevos de Pascua. Vosotras ponéis huevos durante todo el año, pero quien organiza la fiesta es don Conejo.

(Las gallinas se ríen).

Gallina 3: —¡Ja, ja, ja! La organiza, pero con huevos de chocolate...

Gallina 4: —Esos no valen nada...

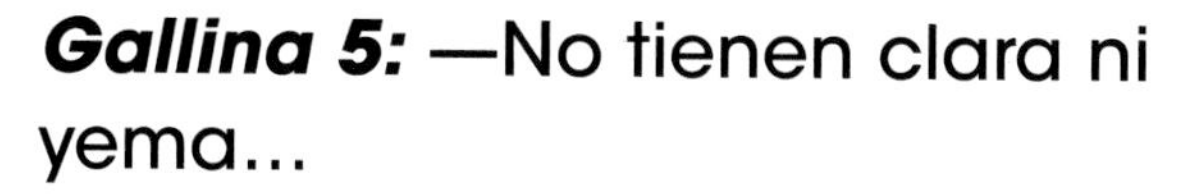

Gallina 5: —No tienen clara ni yema...

Gallo: —No valdrán nada, pero son huevos, ¡y los huevos constituyen el tesoro de nuestra especie!

Gallina 6: —Llevas razón, tenemos que hacer algo, pero ¿qué?

Gallina 7: —¡Vamos a pensar!

(Todas empiezan a dar vueltas por el gallinero).

Gallina 8: —Ya sé, ¡le regalamos un viaje a don Conejo para que se vaya en Pascua!

Gallina 9: —¡Oh! ¡Pero seguro que dejaría un sustituto!

Gallina 10: —¿Y si habláramos con él?

Gallo: —Buena idea. Hablando se entiende la gente. Voy a buscarlo.

(El gallo sale y las gallinas cantan a coro: «Don Conejo debe comprender que este problema hay que resolver»).

Escena III

(Entran el gallo y el conejo).

Conejo: —Ya sé lo que os pasa y tengo una idea.

Gallo: —¡Y qué idea! ¡Cuenta, cuenta, les va a encantar!

Conejo: —Se me ha ocurrido cocer vuestros huevos y pintarlos de colores. Después, todos juntos, esconderemos los huevos de verdad y los de chocolate en el jardín, ¡para que los niños se diviertan buscándolos!

Gallinas a coro: —¡Qué buena idea!

Gallina 1: —Pero si los escondemos mucho, los niños no podrán encontrarlos.

Conejo: —Claro que podrán, los niños son mucho más listos de lo que creéis las gallinas.

Gallina 2: —¡Eso es verdad!

Gallina 3: —¡Venga, venga, patas a la obra!

Conejo: —¡Yo os ayudo!

(Salen las gallinas y el conejo).

(Entra el pavo).

Pavo *(tose)*.: —¡Cof, cof, cof!

Gallo *(dándole una palmada en la espalda)*.: —¿Ves, amigo Pavo? Con hablar con don Conejo, todo resuelto.

Pavo *(burlón)*.: —Claro, claro, pero por más que habléis, él sigue siendo el protagonista de la Pascua.

Gallo: —Pues no, porque es muy simpático y nos ha propuesto formar un equipo. ¡Ya verás!

(Entran las gallinas con los huevos pintados y el conejo con los de chocolate).

Gallina 3: —¡Mirad qué bonitos!

Pavo: —¡Ah! ¡Huevos de verdad y de chocolate! ¡Los niños se van a llevar una gran sorpresa!

(Todos juntos y a ritmo de rap*:)*

— Oh, qué bueno es trabajar
y a ese conejo ayudar.
Esto dará mucho que hablar
y a todos les gustará.
Para el juego comenzar,
que el gallo se ponga cantar:
«Quiquiriquí».

Sugerencias para el escenario:

1. Dibujar un gallinero en papel de embalar.
2. Dibujar un jardín en papel de embalar y usar velcro para, al final de la obra, pegar dibujos de huevos de colores en él.
3. Dibujar un huevo gigante, que las gallinas pintarán de colores, en papel de embalar.

Sugerencias para el vestuario:

1. Gallo/gallina: usar leotardos naranjas; patas de fieltro sobre los zapatos; cintas de plástico de varios colores colocadas sobre los brazos para las alas; cinta con cresta de plástico en la cabeza.
2. Pavo: utilizar leotardos o pantalones rojos; ropa en tonos ceniza; un collar para la carúncula (en el cuello); y una cinta con cresta de plástico en la cabeza.
3. Conejo: vestir ropa blanca; orejas de cartulina o de goma EVA (comprar en tiendas de manualidades); y un pompón para el rabo.

Otras sugerencias:

1. Hacer *collages* con cáscaras de huevo.
2. Preparar yemas u otras recetas con huevos.
3. Visitar una granja avícola.

Vocabulario

Abastecer
Proporcionar alimentos y cosas necesarias.

Avestruz
Ave de gran tamaño y peso, de cuello largo y cabeza pequeña, que corre en vez de volar.

Cacarear
Dar el gallo o la gallina repetidas voces.

Cáscara
Corteza exterior de los huevos, frutos, etc.

Clara
Materia que rodea la yema del huevo.

Codorniz
Ave, similar a la gallina, de color pardo. Muy estimada por su sabrosa carne.

Empollar
Calentar el ave los huevos, poniéndose sobre ellos, para que salgan los pollos.

Escama
Membrana que, superpuesta con otras, cubre la piel de algunos animales, como los peces y los reptiles.

Gallina
Ave que se cría en las granjas y que pone huevos. Hembra del gallo.

Gallo
Ave que se cría en las granjas y que tiene una cresta roja. Macho de la gallina.

Granja avícola
Finca dedicada a la cría de aves y a la obtención y recogida de sus productos.

Huevo

Cuerpo ovalado que ponen las hembras de algunos animales y de donde salen las crías.

Jaula

Caja o espacio con barrotes donde se guardan los animales.

Maíz

Planta, de tallo alto y grueso, que produce granos amarillos que se comen.

Pato, pata

Ave, de pico ancho y patas cortas, que vive, normalmente, en lugares donde hay agua; porque, además de volar, los patos también saben nadar.

Pico

Boca de las aves.

Pienso
Alimento seco que se da al ganado.

Pipeta
Tubo de vidrio graduado que sirve para medir líquidos.

Plumaje
Conjunto de plumas de las aves.

Pollo
Cría que sale de un huevo de ave, especialmente de las gallinas.

Ponedora
Gallina que ya pone huevos.

Veterinario, veterinaria
Persona que cura las enfermedades de los animales.

Yema
Parte amarilla del interior del huevo.

Refrán

«Sal quiere el huevo y gracia para comerlo».

¡Qué importante es la sal en la cocina! Muchos alimentos, como el huevo, ganan sabor y nos parecen mucho más ricos con este condimento imprescindible. Pero, eso sí, debes aplicarla con moderación.

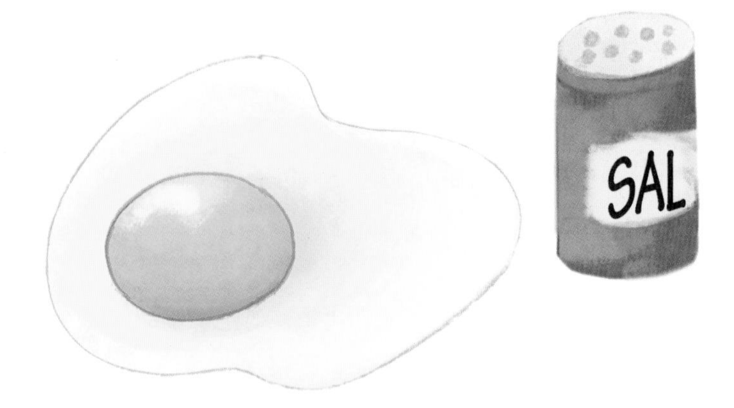

Títulos de la colección:

ISBN: 978-84-441-4936-3

ISBN: 978-84-441-4937-0

ISBN: 978-84-441-4938-7

ISBN: 978-84-441-4939-4

ISBN: 978-84-441-4940-0

ISBN: 978-84-441-4941-7

ISBN: 978-84-441-4942-4

ISBN: 978-84-441-4943-1